The Dance of the Fireflies: Short Stories for French Language Learners

Artici Bilingual Books

Published by Artici Bilingual Books, 2024.

THE DANCE OF THE FIREFLIES: SHORT STORIES FOR FRENCH LANGUAGE LEARNERS

First edition. February 26, 2024.

Copyright © 2024 Artici Bilingual Books.

ISBN: 979-8224091300

Written by Artici Bilingual Books.

Table of Contents

Les Mystères de la Rue Saint-Pierre

Dans une petite ville pittoresque au cœur de la France, se trouve une rue étroite et pavée, nommée la Rue Saint-Pierre. Bordée de maisons aux volets colorés et aux façades délavées par le temps, cette rue tranquille cache bien des mystères derrière ses apparence paisibles.

Au numéro 17 de la Rue Saint-Pierre, vit Mademoiselle Marie, une vieille dame aux cheveux argentés et au sourire bienveillant. Elle est connue de tous les habitants comme étant la gardienne des secrets de la rue. Son petit salon est un véritable sanctuaire où les gens viennent chercher conseil et réconfort.

Un jour de printemps, alors que les fleurs éclosent le long des trottoirs, un étranger arrive dans la rue. Il se nomme Jacques, un homme au passé énigmatique et au regard perçant. Il loue une chambre au sommet de la vieille auberge, juste en face de chez Mademoiselle Marie.

Dès son arrivée, Jacques intrigue les habitants de la Rue Saint-Pierre. Certains le trouvent charmant, tandis que d'autres se méfient de son allure mystérieuse. Mais c'est Louise, la jeune fleuriste du coin, qui est captivée par cet inconnu. Elle le croise souvent, alors qu'il déambule dans la rue, observant chaque détail avec attention.

Un soir, alors que la lune éclaire faiblement la rue, un incident se produit. Le précieux collier de Madame Dupont, une habitante respectée de la rue, disparaît mystérieusement. Les soupçons se tournent rapidement vers Jacques, l'étranger au passé trouble. Mais Mademoiselle Marie refuse de condamner sans preuve, elle est convaincue qu'il y a plus à cette affaire qu'il n'y paraît.

Décidée à découvrir la vérité, Mademoiselle Marie fait appel à son fidèle ami, le commissaire Dupont, pour enquêter sur cette affaire délicate. Ensemble, ils interrogent les habitants, examinent chaque indice et démêlent les fils entrelacés de cette intrigue.

Au fil de l'enquête, des secrets enfouis depuis des années refont surface. Des amours cachées, des rivalités anciennes, et des regrets inavoués éclatent au grand jour. Chaque habitant de la Rue Saint-Pierre est lié d'une manière ou d'une autre à cette affaire, et chacun cache quelque chose.

Finalement, grâce à leur persévérance et à leur détermination, Mademoiselle Marie et le commissaire Dupont découvrent la vérité derrière le vol du collier. Et ce qu'ils trouvent est bien plus surprenant que ce qu'ils auraient pu imaginer.

Le mystère résolu, la Rue Saint-Pierre retrouve sa tranquillité habituelle. Jacques, l'étranger, révèle enfin son passé tourmenté et trouve en Louise une alliée inattendue. Les habitants de la rue réalisent que, derrière chaque façade, se cachent des histoires fascinantes et des secrets insoupçonnés.

Et tandis que le soleil se couche sur la Rue Saint-Pierre, Mademoiselle Marie sourit, sachant que, malgré les mystères et les intrigues, l'amour et l'amitié triomphent toujours dans ce coin enchanté de la France.

The Mysteries of Rue Saint-Pierre

In a picturesque small town in the heart of France lies a narrow, cobbled street called Rue Saint-Pierre. Lined with houses sporting colorful shutters and facades weathered by time, this tranquil street hides many mysteries behind its peaceful appearance.

At number 17 Rue Saint-Pierre lives Mademoiselle Marie, an elderly lady with silver hair and a benevolent smile. She is known to all the inhabitants as the guardian of the street's secrets. Her cozy living room is a veritable sanctuary where people come seeking advice and solace.

One spring day, as flowers bloom along the sidewalks, a stranger arrives on the street. His name is Jacques, a man with an enigmatic past and piercing gaze. He rents a room at the top of the old inn, just across from Mademoiselle Marie's house.

From his arrival, Jacques intrigues the inhabitants of Rue Saint-Pierre. Some find him charming, while others are wary of his mysterious demeanor. But it is Louise, the young florist from the corner, who is captivated by this stranger. She often crosses paths with him as he strolls through the street, observing every detail with precision.

One evening, as the moon faintly illuminates the street, an incident occurs. Madame Dupont's precious necklace, a respected inhabitant of the street, mysteriously disappears. Suspicions quickly turn to Jacques, the stranger with the shady past. But Mademoiselle Marie refuses to condemn without evidence; she is convinced that there is more to this affair than meets the eye.

Determined to uncover the truth, Mademoiselle Marie enlists the help of her faithful friend, Commissioner Dupont, to investigate this delicate matter. Together, they question the inhabitants, examine every clue, and unravel the intertwined threads of this mystery.

As the investigation progresses, secrets buried for years resurface. Hidden loves, ancient rivalries, and unspoken regrets come to light. Each inhabitant of Rue Saint-Pierre is connected in one way or another to this affair, and each one harbors something.

Ultimately, thanks to their perseverance and determination, Mademoiselle Marie and Commissioner Dupont uncover the truth behind the stolen necklace. And what they find is more surprising than they could have imagined.

With the mystery solved, Rue Saint-Pierre regains its usual tranquility. Jacques, the stranger, finally reveals his troubled past and finds an unexpected ally in Louise. The inhabitants of the street realize that behind every facade lie fascinating stories and unsuspected secrets.

And as the sun sets on Rue Saint-Pierre, Mademoiselle Marie smiles, knowing that, despite the mysteries and intrigues, love and friendship always prevail in this enchanted corner of France.

La Boutique de Souvenirs

Il était une fois, dans un petit village niché au cœur des montagnes françaises, une boutique de souvenirs pas comme les autres. Nichée entre deux maisons à colombages, sa façade était ornée de fleurs colorées qui attiraient les passants tel un aimant.

La propriétaire de cette boutique s'appelait Élodie. Une femme aux cheveux bouclés et aux yeux pétillants, elle était connue dans tout le village pour sa gentillesse et sa passion pour les histoires. Chaque objet dans sa boutique racontait une histoire, et Élodie se faisait un plaisir de les partager avec ses clients.

Un jour d'été ensoleillé, une jeune femme nommée Camille franchit timidement le seuil de la boutique. Elle était nouvelle dans le village et cherchait un cadeau spécial pour son amie qui fêtait son anniversaire. Les yeux brillants d'Élodie captivèrent immédiatement Camille, et elle se retrouva bientôt plongée dans l'univers magique de la boutique de souvenirs.

Émerveillée par les trésors qui s'offraient à elle, Camille se laissa guider par Élodie à travers les rayons remplis d'objets uniques. Il y avait des bijoux étincelants, des écharpes tissées à la main, des pots en céramique ornés de motifs délicats, et bien plus encore. Chaque objet semblait raconter une histoire, et Camille était impatiente d'en apprendre davantage.

Au fur et à mesure qu'elles parcouraient la boutique, Élodie partageait avec Camille les anecdotes et les légendes associées à chaque objet. Elle lui raconta l'histoire du collier en coquillages rapporté des îles lointaines par un marin aventurier, et celle du carnet en cuir usé rempli de poèmes écrits par un poète voyageur. Chaque histoire était plus captivante que la précédente, et Camille se sentit transportée dans un monde de magie et d'aventure.

Finalement, après avoir exploré chaque recoin de la boutique, Camille trouva le cadeau parfait pour son amie : un pendentif en forme de cœur sculpté dans du bois d'olivier, symbole d'amitié et de bonheur. Élodie enveloppa le cadeau avec soin et y attacha une petite carte où elle avait inscrit un message d'amitié.

Reconnaissante pour cette expérience unique, Camille quitta la boutique le cœur léger et le sourire aux lèvres. Elle savait que le cadeau qu'elle avait choisi était bien plus qu'un simple objet ; c'était un souvenir précieux chargé de magie et d'émotion.

Et tandis que le soleil se couchait doucement derrière les montagnes, la boutique de souvenirs continuait de briller de mille feux, prête à accueillir tous ceux en quête d'aventure et de merveilles. Car dans ce petit village au cœur des montagnes, les souvenirs étaient bien plus que de simples objets ; ils étaient les gardiens des histoires et des rêves de ceux qui osaient les découvrir.

The Souvenir Shop

Once upon a time, in a small village nestled in the heart of the French mountains, there was a souvenir shop unlike any other. Nestled between two half-timbered houses, its facade was adorned with colorful flowers that attracted passersby like a magnet.

The owner of this shop was named Élodie. A woman with curly hair and sparkling eyes, she was known throughout the village for her kindness and her passion for stories. Every object in her shop told a story, and Élodie delighted in sharing them with her customers.

One sunny summer day, a young woman named Camille timidly crossed the threshold of the shop. She was new to the village and was looking for a special gift for her friend who was celebrating her birthday. Élodie's sparkling eyes immediately captivated Camille, and she soon found herself immersed in the magical world of the souvenir shop.

Amazed by the treasures that lay before her, Camille let herself be guided by Élodie through the aisles filled with unique objects. There were sparkling jewels, handwoven scarves, ceramic pots adorned with delicate patterns, and much more. Each object seemed to tell a story, and Camille was eager to learn more.

As they explored the shop, Élodie shared with Camille the anecdotes and legends associated with each object. She told her the story of the seashell necklace brought back from distant islands by an adventurous sailor, and that of the worn leather journal filled with poems written by a traveling poet. Each story was more captivating than the last, and Camille felt transported into a world of magic and adventure.

Finally, after exploring every corner of the shop, Camille found the perfect gift for her friend: a heart-shaped pendant carved from olive wood, a symbol of friendship and happiness. Élodie wrapped the gift carefully and attached a small card where she had written a message of friendship.

Grateful for this unique experience, Camille left the shop with a light heart and a smile on her lips. She knew that the gift she had chosen was much more than a simple object; it was a precious souvenir charged with magic and emotion.

And as the sun set gently behind the mountains, the souvenir shop continued to shine brightly, ready to welcome all those in search of adventure and wonders. For in this small village in the heart of the mountains, souvenirs were much more than simple objects; they were the guardians of the stories and dreams of those who dared to discover them.

Le Café des Rêves Perdus

Il était une fois, au cœur de la ville de Paris, un café singulier appelé "Le Café des Rêves Perdus". Niché dans une ruelle étroite, entre deux imposants bâtiments haussmanniens, ce café avait la réputation d'être un lieu où les rêves se mêlaient à la réalité.

Le propriétaire de ce café était un homme nommé Pierre. Un ancien artiste passionné par les histoires et les voyages, il avait ouvert le Café des Rêves Perdus dans l'espoir de créer un endroit où les gens pourraient échapper au tumulte de la vie quotidienne et se laisser emporter par leur imagination.

Chaque jour, le café accueillait une clientèle éclectique, composée d'écrivains en herbe, d'artistes en quête d'inspiration, et de rêveurs perdus cherchant un refuge dans les méandres de leur esprit. Les murs étaient tapissés de photographies en noir et blanc, de peintures abstraites, et de citations inspirantes, créant une atmosphère chaleureuse et réconfortante.

Un matin brumeux, une jeune femme nommée Sophie franchit timidement la porte du Café des Rêves Perdus. Elle était nouvelle dans la ville, fraîchement arrivée de sa campagne natale, et elle cherchait un endroit où elle pourrait trouver l'inspiration pour écrire son premier roman.

Dès son entrée dans le café, Sophie fut captivée par l'atmosphère envoûtante qui régnait en ces lieux. Les arômes de café fraîchement moulu et de croissants chauds chatouillaient ses narines, tandis que la douce mélodie d'une chanson française résonnait dans l'air.

Pierre, le propriétaire du café, accueillit Sophie avec un sourire chaleureux et l'invita à s'installer à une table près de la fenêtre. Il lui apporta un café fumant et un cahier vierge, et lui dit : "Bienvenue au Café des Rêves Perdus, où chaque histoire commence par un rêve."

Inspirée par ces mots, Sophie se plongea dans l'écriture de son roman, laissant libre cours à son imagination. Les heures passèrent rapidement, et bientôt, le soleil se coucha derrière les toits de la ville, teintant le ciel de nuances dorées.

Alors que Sophie s'apprêtait à partir, Pierre s'approcha de sa table et lui tendit un livre usé. "C'est un cadeau de la maison", dit-il avec un sourire. "C'est un recueil d'histoires écrites par nos clients les plus fidèles. Peut-être y trouveras-tu l'inspiration dont tu as besoin pour ton roman." Reconnaissante pour ce geste généreux, Sophie remercia Pierre et quitta le café, le cœur rempli d'espoir et d'excitation pour les aventures littéraires à venir.

Au fil des semaines, Sophie retourna souvent au Café des Rêves Perdus, trouvant dans ses murs réconfortants un havre de paix dans le tumulte de la vie urbaine. Elle se lia d'amitié avec d'autres habitués du café, partageant avec eux ses rêves et ses aspirations.

Et chaque jour, alors que le café s'emplissait des rires et des conversations animées de ses clients, Pierre observait avec fierté l'effet magique que son café avait sur ceux qui osaient y entrer. Car au Café des Rêves Perdus, les rêves ne se perdaient jamais vraiment ; ils se transformaient en histoires, tissant un lien indéfectible entre les rêveurs et les écrivains de ce monde enchanté.

The Café of Lost Dreams

Once upon a time, in the heart of the city of Paris, there was a peculiar café called "The Café of Lost Dreams". Nestled in a narrow alley, between two imposing Haussmannian buildings, this café had the reputation of being a place where dreams mingled with reality.

The owner of this café was a man named Pierre. A former artist passionate about stories and travels, he had opened the Café of Lost Dreams in the hope of creating a place where people could escape the hustle and bustle of daily life and be carried away by their imagination.

Every day, the café welcomed an eclectic clientele, composed of aspiring writers, artists in search of inspiration, and lost dreamers seeking refuge in the twists and turns of their minds. The walls were adorned with black and white photographs, abstract paintings, and inspiring quotes, creating a warm and comforting atmosphere.

One misty morning, a young woman named Sophie timidly stepped through the door of the Café of Lost Dreams. She was new to the city, freshly arrived from her native countryside, and she was looking for a place where she could find inspiration to write her first novel.

As soon as she entered the café, Sophie was captivated by the enchanting atmosphere that reigned in these places. The aromas of freshly ground coffee and warm croissants tickled her nostrils, while the soft melody of a French song echoed in the air.

Pierre, the owner of the café, welcomed Sophie with a warm smile and invited her to sit at a table near the window. He brought her a steaming cup of coffee and a blank notebook, saying, "Welcome to the Café of Lost Dreams, where every story begins with a dream."

Inspired by these words, Sophie immersed herself in writing her novel, letting her imagination run wild. The hours passed quickly, and soon the sun set behind the city's rooftops, tinting the sky with golden hues.

As Sophie was about to leave, Pierre approached her table and handed her a worn book. "This is a gift from the house," he said with a smile. "It's a collection of stories written by our most loyal customers. Perhaps you will find the inspiration you need for your novel."

Grateful for this generous gesture, Sophie thanked Pierre and left the café, her heart filled with hope and excitement for the literary adventures to come.

Over the weeks, Sophie often returned to the Café of Lost Dreams, finding in its comforting walls a haven of peace in the hustle and bustle of urban life. She befriended other regulars of the café, sharing with them her dreams and aspirations.

And every day, as the café filled with the laughter and lively conversations of its customers, Pierre watched with pride the magical effect that his café had on those who dared to enter. For in the Café of Lost Dreams, dreams were never truly lost; they transformed into stories, weaving an unbreakable bond between the dreamers and writers of this enchanted world.

L'Énigme du Collier Disparu

Dans la petite ville de Saint-Martin-sur-Mer, bordée par les vagues douces de l'océan Atlantique, se cache une énigme mystérieuse qui a captivé l'imagination des habitants depuis des générations. Il s'agit de "L'Énigme du Collier Disparu".

Tout a commencé il y a bien longtemps, lors d'une soirée de bal organisée au château ancestral des Beaumont. La légendaire comtesse Isabelle de Beaumont portait un magnifique collier en diamants, transmis de génération en génération. Mais au cours de cette soirée mouvementée, le collier disparut mystérieusement, plongeant la famille Beaumont dans le désarroi.

Depuis ce jour, l'énigme du collier disparu hante les esprits des habitants de Saint-Martin-sur-Mer. Chaque génération a tenté de percer le mystère, mais en vain. Le collier semblait avoir disparu sans laisser de trace, emportant avec lui les secrets de la famille Beaumont.

Des années plus tard, alors que la ville se prépare à célébrer le bicentenaire de sa fondation, une jeune femme nommée Émilie arrive à Saint-Martin-sur-Mer. Elle vient de la ville voisine et cherche un endroit où elle pourra échapper à l'agitation de la vie urbaine.

Émilie trouve refuge dans une petite maisonnette près de la plage, où elle découvre un vieux journal poussiéreux caché dans un tiroir. Intriguée, elle commence à lire les pages jaunies, découvrant peu à peu l'histoire fascinante de la famille Beaumont et de l'énigme du collier disparu.

Déterminée à résoudre le mystère, Émilie se lance dans une enquête passionnante à travers la ville endormie. Elle interroge les anciens, explore les archives de la bibliothèque municipale, et fouille les recoins les plus sombres du château des Beaumont.

Au fil de son enquête, Émilie découvre des indices troublants et des secrets enfouis depuis des siècles. Elle apprend l'existence de rivalités anciennes, de romances interdites, et de trahisons inattendues qui pourraient être liées à la disparition du collier.

Alors que le jour du bicentenaire approche, l'excitation monte dans toute la ville. Les habitants se préparent à célébrer cet événement historique, tandis qu'Émilie se rapproche de la vérité sur l'énigme du collier disparu.

Finalement, le jour tant attendu arrive. Lors de la grande cérémonie au château des Beaumont, Émilie dévoile ses découvertes au grand jour, révélant la véritable histoire derrière la disparition du collier et les secrets cachés de la famille Beaumont.

Grâce à son courage et à sa détermination, Émilie résout l'énigme qui a tourmenté la ville pendant des siècles, apportant ainsi la paix et la réconciliation à Saint-Martin-sur-Mer.

Et tandis que les habitants célèbrent dans les rues animées de la ville, Émilie sourit en sachant qu'elle a contribué à éclaircir l'ombre qui planait sur Saint-Martin-sur-Mer depuis si longtemps.

The Mystery of the Missing Necklace

In the small town of Saint-Martin-sur-Mer, bordered by the gentle waves of the Atlantic Ocean, lies a mysterious enigma that has captivated the imagination of its inhabitants for generations. It is known as "The Mystery of the Missing Necklace".

It all began long ago, during a ball held at the ancestral Beaumont castle. The legendary Countess Isabelle de Beaumont wore a magnificent diamond necklace, passed down through generations. But during that eventful evening, the necklace mysteriously disappeared, plunging the Beaumont family into despair.

Since that day, the mystery of the missing necklace has haunted the minds of the people of Saint-Martin-sur-Mer. Each generation has attempted to unravel the mystery, but to no avail. The necklace seemed to have vanished without a trace, taking with it the secrets of the Beaumont family.

Years later, as the town prepares to celebrate the bicentennial of its founding, a young woman named Émilie arrives in Saint-Martin-sur-Mer. She comes from the neighboring city and seeks a place where she can escape the hustle and bustle of urban life.

Émilie finds refuge in a small cottage near the beach, where she discovers an old dusty journal hidden in a drawer. Intrigued, she begins to read the yellowed pages, gradually uncovering the fascinating history of the Beaumont family and the mystery of the missing necklace.

Determined to solve the mystery, Émilie embarks on an exciting investigation through the sleepy town. She interviews the elderly, explores the archives of the municipal library, and searches the darkest corners of the Beaumont castle.

As she delves into her investigation, Émilie discovers troubling clues and secrets buried for centuries. She learns of ancient rivalries, forbidden romances, and unexpected betrayals that could be linked to the disappearance of the necklace.

As the day of the bicentennial approaches, excitement builds throughout the town. The inhabitants prepare to celebrate this historic event, while Émilie gets closer to the truth about the mystery of the missing necklace. Finally, the long-awaited day arrives. During the grand ceremony at the Beaumont castle, Émilie unveils her discoveries, revealing the true story behind the disappearance of the necklace and the hidden secrets of the Beaumont family.

Thanks to her courage and determination, Émilie solves the enigma that has plagued the town for centuries, bringing peace and reconciliation to Saint-Martin-sur-Mer.

And as the inhabitants celebrate in the lively streets of the town, Émilie smiles knowing that she has helped to shed light on the shadow that has loomed over Saint-Martin-sur-Mer for so long.

Le Jardin des Mille Couleurs

Il était une fois, dans un petit village au cœur de la campagne française, un jardin enchanté appelé "Le Jardin des Mille Couleurs". Niché entre les collines verdoyantes et les champs de blé doré, ce jardin était réputé pour sa beauté incomparable et ses fleurs aux teintes éclatantes.

La gardienne de ce jardin magique était une femme nommée Marie. Avec ses cheveux argentés et ses yeux pétillants, elle veillait avec amour sur chaque plante et chaque fleur, transformant le jardin en un véritable paradis floral.

Chaque matin, Marie se promenait parmi les parterres de roses rouges, de tulipes jaunes et de jacinthes violettes, admirant leur éclatante beauté. Elle chantait doucement pour les fleurs, leur murmurant des mots doux et les encourageant à s'épanouir.

Un jour, alors que Marie se penchait pour inspecter une rangée de marguerites blanches, elle entendit un bruit étrange venant de derrière les buissons. Intriguée, elle s'approcha lentement et découvrit une petite fille assise par terre, les yeux brillants d'émerveillement.

La petite fille s'appelait Amélie. Timide et réservée, elle venait souvent se réfugier dans le jardin après l'école, cherchant un endroit où elle pourrait être seule avec ses pensées. Elle avait été attirée par la beauté du jardin et avait décidé d'explorer ses allées mystérieuses.

Marie sourit doucement à Amélie et lui tendit la main. "Bienvenue dans le Jardin des Mille Couleurs," dit-elle avec gentillesse. "Viens, laisse-moi te montrer les merveilles que renferme ce jardin."

Amélie suivit Marie à travers les sentiers sinueux du jardin, émerveillée par la diversité des fleurs et des plantes qui l'entouraient. Il y avait des roses veloutées, des bleuets délicats, des tournesols flamboyants, et même un petit étang où nageaient des poissons aux couleurs vives.

Au fil des semaines, Amélie visita régulièrement le Jardin des Mille Couleurs, se liant d'amitié avec Marie et découvrant les joies de la nature. Elle apprit à planter des graines, à arroser les plantes et à prendre soin du jardin avec amour et dévouement.

Un jour, alors qu'elles cueillaient des fleurs pour un bouquet, Marie révéla à Amélie le secret le mieux gardé du jardin. Au cœur du labyrinthe de rosiers, se cachait une fleur rare et mystérieuse appelée la "Rose des Mille Couleurs". Selon la légende, cette fleur magique pouvait changer de couleur en fonction des émotions de celui qui la touchait.

Intriguée par cette histoire, Amélie décida de chercher la Rose des Mille Couleurs. Avec l'aide de Marie, elle traversa le labyrinthe de rosiers, bravant les épines et les ronces, jusqu'à ce qu'elle atteigne enfin le cœur du jardin.

Et là, parmi les parterres de fleurs éclatantes, Amélie découvrit la Rose des Mille Couleurs. Elle était plus belle que tout ce qu'elle avait jamais vu, ses pétales changeant de teinte au gré de ses émotions. Émerveillée, Amélie effleura doucement la fleur, sentant une vague de bonheur l'envahir.

De retour chez elle, Amélie garda précieusement la Rose des Mille Couleurs, se souvenant toujours de son temps passé dans le Jardin des Mille Couleurs. Et chaque fois qu'elle regardait la fleur magique, elle se rappelait que la vraie beauté se trouvait dans les petits moments de bonheur et de joie, cachés dans les recoins les plus inattendus de la vie.

The Garden of a Thousand Colors

Once upon a time, in a small village in the heart of the French countryside, there was an enchanted garden called "The Garden of a Thousand Colors". Nestled between green hills and golden wheat fields, this garden was renowned for its incomparable beauty and its flowers with vibrant hues.

The guardian of this magical garden was a woman named Marie. With her silver hair and sparkling eyes, she lovingly tended to every plant and flower, transforming the garden into a true floral paradise.

Every morning, Marie walked among the beds of red roses, yellow tulips, and purple hyacinths, admiring their radiant beauty. She sang softly to the flowers, whispering sweet words to them and encouraging them to bloom.

One day, as Marie leaned down to inspect a row of white daisies, she heard a strange noise coming from behind the bushes. Intrigued, she approached slowly and discovered a little girl sitting on the ground, her eyes shining with wonder.

The little girl's name was Amélie. Shy and reserved, she often sought refuge in the garden after school, looking for a place where she could be alone with her thoughts. She had been drawn to the beauty of the garden and had decided to explore its mysterious pathways.

Marie smiled gently at Amélie and reached out her hand. "Welcome to the Garden of a Thousand Colors," she said kindly. "Come, let me show you the wonders that lie within this garden."

Amélie followed Marie through the winding paths of the garden, marveling at the diversity of flowers and plants that surrounded her. There were velvety roses, delicate cornflowers, flamboyant sunflowers, and even a small pond where brightly colored fish swam.

Over the weeks, Amélie regularly visited the Garden of a Thousand Colors, forming a friendship with Marie and discovering the joys of nature. She learned to plant seeds, water plants, and care for the garden with love and dedication.

One day, as they were picking flowers for a bouquet, Marie revealed to Amélie the best-kept secret of the garden. At the heart of the rose labyrinth, lay a rare and mysterious flower called the "Rose of a Thousand Colors". According to legend, this magical flower could change color depending on the emotions of whoever touched it.

Intrigued by this story, Amélie decided to search for the Rose of a Thousand Colors. With Marie's help, she navigated through the rose labyrinth, braving thorns and brambles, until she finally reached the heart of the garden.

And there, among the beds of vibrant flowers, Amélie discovered the Rose of a Thousand Colors. It was more beautiful than anything she had ever seen, its petals changing hue according to her emotions. Amazed, Amélie gently touched the flower, feeling a wave of happiness wash over her.

Back at home, Amélie cherished the Rose of a Thousand Colors, always remembering her time spent in the Garden of a Thousand Colors. And whenever she looked at the magical flower, she remembered that true beauty lay in the small moments of happiness and joy, hidden in the most unexpected corners of life.

Les Secrets de la Petite Librairie

Au cœur du quartier animé de Montmartre, à Paris, se trouve une petite librairie pittoresque appelée "Les Secrets de la Petite Librairie". Nichée entre une boulangerie traditionnelle et un café animé, cette librairie est un véritable trésor caché, connu uniquement de quelques habitués et amateurs de lecture.

Le propriétaire de la librairie s'appelle Antoine. Un homme chaleureux avec une passion pour les livres, il a hérité de la librairie de son grand-père et en a fait un refuge pour les amoureux des mots et des histoires.

Chaque jour, Antoine ouvre les portes de sa librairie, accueillant les clients avec un sourire chaleureux et des recommandations de lecture personnalisées. Les étagères débordent de romans classiques, de poésie contemporaine, et de bandes dessinées colorées, attirant les curieux de tous âges et de tous horizons.

Un après-midi ensoleillé, une jeune femme nommée Sophie franchit le seuil de la librairie. Fraîchement arrivée à Paris pour poursuivre ses études, elle cherchait un endroit où elle pourrait se perdre dans les pages d'un bon livre et échapper au stress de la vie urbaine.

Attirée par la vitrine remplie de livres anciens et de nouveautés littéraires, Sophie pénètre dans la librairie avec une lueur d'excitation dans les yeux. Elle se promène parmi les rayons, caressant les dos des livres du bout des doigts, et respirant l'odeur enivrante du papier et de l'encre.

Antoine remarque immédiatement la passion de Sophie pour les livres et s'approche d'elle avec un sourire bienveillant. "Bienvenue chez Les Secrets de la Petite Librairie," dit-il. "Puis-je vous aider à trouver quelque chose en particulier ?"

Grâce aux recommandations expertes d'Antoine, Sophie découvre une multitude de nouveaux auteurs et de genres littéraires. Elle passe des heures à déambuler dans les allées de la librairie, se perdant dans les mondes imaginaires des romans et des histoires.

Mais au fil du temps, Sophie remarque quelque chose d'étrange dans la librairie. Des livres semblent disparaître mystérieusement des étagères, et des notes énigmatiques apparaissent à des endroits inattendus. Intriguée, Sophie décide de mener l'enquête.

Avec l'aide d'Antoine, Sophie découvre les secrets cachés de la petite librairie. Elle apprend l'existence d'un club de lecture clandestin qui se réunit secrètement dans les étages supérieurs de la librairie, et découvre des indices laissés par les membres du club dans les pages des livres.

Déterminée à percer le mystère, Sophie se joint au club de lecture et participe à des discussions animées sur ses livres préférés. Elle se lie d'amitié avec les autres membres du club, partageant avec eux sa passion pour la lecture et les histoires.

Et alors que les mystères de la petite librairie commencent à se dévoiler, Sophie réalise que parfois, les plus grandes aventures se trouvent entre les pages d'un livre, et que les véritables trésors sont ceux que l'on découvre en compagnie de ceux que l'on aime.

The Secrets of the Little Bookshop

In the heart of the lively Montmartre district in Paris, lies a quaint little bookstore called "The Secrets of the Little Bookshop". Nestled between a traditional bakery and a bustling café, this bookstore is a true hidden gem, known only to a few regulars and book lovers.

The owner of the bookstore is Antoine. A warm-hearted man with a passion for books, he inherited the bookstore from his grandfather and turned it into a refuge for lovers of words and stories.

Every day, Antoine opens the doors of his bookstore, welcoming customers with a warm smile and personalized reading recommendations. The shelves are overflowing with classic novels, contemporary poetry, and colorful comic books, attracting curious visitors of all ages and backgrounds.

One sunny afternoon, a young woman named Sophie crossed the threshold of the bookstore. Freshly arrived in Paris to pursue her studies, she was looking for a place where she could lose herself in the pages of a good book and escape the stress of urban life.

Drawn to the window display filled with old books and literary novelties, Sophie entered the bookstore with a glimmer of excitement in her eyes. She wandered among the aisles, running her fingers along the spines of books and breathing in the intoxicating scent of paper and ink.

Antoine immediately noticed Sophie's passion for books and approached her with a kind smile. "Welcome to The Secrets of the Little Bookshop," he said. "Can I help you find something specific?"

Thanks to Antoine's expert recommendations, Sophie discovered a multitude of new authors and literary genres. She spent hours wandering the aisles of the bookstore, losing herself in the imaginary worlds of novels and stories.

But over time, Sophie noticed something strange in the bookstore. Books seemed to disappear mysteriously from the shelves, and enigmatic notes appeared in unexpected places. Intrigued, Sophie decided to investigate.

With Antoine's help, Sophie uncovered the hidden secrets of the little bookstore. She learned about the existence of a clandestine book club that secretly met on the upper floors of the bookstore, and discovered clues left by the club members within the pages of books.

Determined to solve the mystery, Sophie joined the book club and participated in lively discussions about her favorite books. She forged friendships with the other club members, sharing her passion for reading and stories with them.

And as the mysteries of the little bookstore began to unravel, Sophie realized that sometimes, the greatest adventures are found between the pages of a book, and that the true treasures are those discovered in the company of those we love.

La Danse des Lucioles

Dans un petit village au cœur de la campagne française, entouré de vastes champs de blé et de paisibles prairies, se trouve un endroit magique connu sous le nom de "La Clairière des Lucioles". C'est là que se déroule chaque été un spectacle enchanteur : la danse des lucioles.

La Clairière des Lucioles est un petit coin de nature préservé, caché à l'abri des regards indiscrets. Au crépuscule, lorsque le soleil se couche derrière l'horizon et que la nuit commence à tomber, les lucioles sortent de leur cachette et commencent à danser parmi les herbes hautes et les fleurs sauvages.

L'histoire de la Clairière des Lucioles remonte à plusieurs générations. Autrefois, c'était un lieu sacré pour les habitants du village, un endroit où ils se réunissaient pour célébrer les mystères de la nature et honorer les esprits de la forêt.

Un soir d'été, une jeune fille nommée Élodie se rendit dans la Clairière des Lucioles pour la première fois. Curieuse et aventureuse, elle avait entendu parler du spectacle magique des lucioles et voulait le voir de ses propres yeux.

En arrivant dans la clairière, Élodie fut émerveillée par la beauté des lieux. Des fleurs aux couleurs vives bordaient le chemin, et le chant mélodieux des oiseaux remplissait l'air. Mais ce qui attira le plus l'attention d'Élodie, ce fut la danse gracieuse des lucioles, dont les lueurs lumineuses illuminaient la nuit.

Alors qu'elle observait le spectacle avec émerveillement, Élodie fut surprise par l'apparition d'une vieille femme portant une robe de lin blanc. La vieille femme s'approcha d'Élodie avec un sourire bienveillant et lui tendit la main.

"Je suis Célestine, la gardienne de la Clairière des Lucioles," dit-elle d'une voix douce. "Bienvenue dans notre humble sanctuaire. Viens, laisse-moi te montrer les merveilles de ce lieu magique."

Élodie suivit Célestine à travers la clairière, écoutant avec fascination ses histoires sur les esprits de la forêt et les secrets de la nature. Elle apprit l'importance de respecter et de protéger l'environnement, et découvrit la magie qui se cachait dans chaque brin d'herbe et chaque souffle de vent.

Au fil des semaines, Élodie visita régulièrement la Clairière des Lucioles, apprenant de nouvelles leçons de vie à chaque visite. Elle se lia d'amitié avec les habitants du village et participa aux célébrations traditionnelles qui avaient lieu dans la clairière.

Mais un jour, alors que l'été touchait à sa fin et que les premières feuilles commençaient à tomber des arbres, Élodie découvrit que la Clairière des Lucioles était menacée par un projet de construction.

Déterminée à sauver ce lieu magique, Élodie mobilisa les habitants du village et lança une pétition pour protéger la clairière de la destruction. Grâce à leurs efforts combinés, ils réussirent à convaincre les autorités locales de préserver la Clairière des Lucioles en tant que réserve naturelle.

Et ainsi, la Clairière des Lucioles fut sauvée, préservant pour les générations futures le spectacle enchanteur de la danse des lucioles et les mystères de la nature qui y étaient associés. Et Élodie, grâce à son courage et à sa détermination, resta à jamais liée à ce lieu magique où les rêves prenaient vie sous le doux scintillement des lucioles.

The Dance of the Fireflies

In a small village in the heart of the French countryside, surrounded by vast wheat fields and peaceful meadows, lies a magical place known as "The Clearing of the Fireflies". It is here that every summer an enchanting spectacle unfolds: the dance of the fireflies.

The Clearing of the Fireflies is a small corner of preserved nature, hidden away from prying eyes. At twilight, when the sun sets behind the horizon and night begins to fall, the fireflies emerge from their hiding places and begin to dance among the tall grasses and wildflowers.

The history of the Clearing of the Fireflies dates back several generations. Once, it was a sacred place for the villagers, a place where they would gather to celebrate the mysteries of nature and honor the spirits of the forest.

One summer evening, a young girl named Élodie ventured into the Clearing of the Fireflies for the first time. Curious and adventurous, she had heard of the magical spectacle of the fireflies and wanted to see it with her own eyes.

Upon arriving in the clearing, Élodie was awestruck by the beauty of the place. Brightly colored flowers lined the path, and the melodious song of birds filled the air. But what caught Élodie's attention the most was the graceful dance of the fireflies, their luminescent glow lighting up the night.

As she watched the spectacle with wonder, Élodie was surprised by the appearance of an old woman wearing a white linen dress. The old woman approached Élodie with a kindly smile and extended her hand.

"I am Célestine, the guardian of the Clearing of the Fireflies," she said in a gentle voice. "Welcome to our humble sanctuary. Come, let me show you the wonders of this magical place."

Élodie followed Célestine through the clearing, listening with fascination to her stories about the spirits of the forest and the secrets of nature. She learned the importance of respecting and protecting the environment, and discovered the magic that lay hidden in every blade of grass and every breath of wind.

Over the weeks, Élodie regularly visited the Clearing of the Fireflies, learning new life lessons with each visit. She befriended the villagers and participated in the traditional celebrations that took place in the clearing.

But one day, as summer drew to a close and the first leaves began to fall from the trees, Élodie discovered that the Clearing of the Fireflies was threatened by a construction project.

Determined to save this magical place, Élodie rallied the villagers and launched a petition to protect the clearing from destruction. Thanks to their combined efforts, they succeeded in convincing the local authorities to preserve the Clearing of the Fireflies as a nature reserve.

And so, the Clearing of the Fireflies was saved, preserving for future generations the enchanting spectacle of the fireflies' dance and the mysteries of nature associated with it. And Élodie, thanks to her courage and determination, remained forever connected to this magical place where dreams came to life under the gentle flickering of the fireflies.

Les Chroniques du Quartier Latin

Au cœur de la ville lumière, Paris, se trouve un quartier animé et vibrant connu sous le nom de "Quartier Latin". C'est là que se déroulent les histoires captivantes et les chroniques envoûtantes des habitants qui y résident.

Dans ce quartier pittoresque, où les rues pavées résonnent du bruit des pas des passants et où les façades des bâtiments racontent des siècles d'histoire, vit une communauté diverse et colorée, chacun avec sa propre histoire à raconter.

Parmi les habitants du Quartier Latin, il y a Pierre, un écrivain passionné qui trouve son inspiration dans les ruelles sinueuses et les cafés animés. Chaque jour, il s'installe à sa table préférée dans un café, son carnet de notes à portée de main, et laisse libre cours à son imagination débordante.

Il y a aussi Juliette, une étudiante en art vivant dans un petit studio au dernier étage d'un immeuble ancien. Elle passe ses journées à parcourir les musées et les galeries d'art, capturant la beauté du monde qui l'entoure à travers ses pinceaux et ses toiles.

Et puis il y a Luc, un musicien de rue talentueux qui anime les soirées du Quartier Latin avec sa guitare et sa voix envoûtante. Il arpente les rues pavées, ses mélodies captivant les passants et les transportant dans un autre monde.

Chaque jour apporte son lot de joies, de défis et de rencontres inattendues pour les habitants du Quartier Latin. Pierre rencontre un éditeur intéressé par son dernier manuscrit, mais doit surmonter le blocage de l'écrivain pour le terminer. Juliette participe à une exposition d'art dans une galerie locale, mais doit faire face à la critique et à l'incertitude quant à son talent artistique. Luc se lie d'amitié avec une violoniste de passage, mais doit faire face à son passé tumultueux qui menace de le rattraper.

Malgré les hauts et les bas de la vie quotidienne, les habitants du Quartier Latin trouvent du réconfort et du soutien dans leur communauté. Ils partagent leurs histoires et leurs rêves dans les cafés chaleureux, les parcs ombragés et les ruelles tranquilles du quartier, créant ainsi un tissu social riche et diversifié.

Et tandis que les saisons changent et que de nouveaux défis se présentent, les habitants du Quartier Latin continuent à écrire les chroniques envoûtantes de leur vie, capturant l'essence même de la vie parisienne dans ce quartier emblématique de la ville lumière.

The Chronicles of the Latin Quarter

At the heart of the City of Light, Paris, lies a lively and vibrant district known as the "Latin Quarter". It is here that captivating stories and enchanting chronicles of the residents unfold.

In this picturesque quarter, where the cobbled streets echo with the footsteps of passersby and the facades of buildings tell centuries of history, lives a diverse and colorful community, each with their own story to tell.

Among the inhabitants of the Latin Quarter, there is Pierre, a passionate writer who finds inspiration in the winding alleyways and bustling cafes. Every day, he settles at his favorite table in a café, his notebook close at hand, and gives free rein to his overflowing imagination.

There is also Juliette, an art student living in a small studio on the top floor of an old building. She spends her days exploring museums and art galleries, capturing the beauty of the world around her through her brushes and canvases.

And then there is Luc, a talented street musician who enlivens the evenings of the Latin Quarter with his guitar and enchanting voice. He roams the cobbled streets, his melodies captivating passersby and transporting them to another world.

Each day brings its share of joys, challenges, and unexpected encounters for the residents of the Latin Quarter. Pierre meets a publisher interested in his latest manuscript but must overcome writer's block to finish it. Juliette participates in an art exhibition at a local gallery but faces criticism and uncertainty about her artistic talent. Luc befriends a passing violinist but must confront his tumultuous past that threatens to catch up with him.

Despite the ups and downs of daily life, the residents of the Latin Quarter find comfort and support in their community. They share their stories and dreams in cozy cafes, shaded parks, and quiet alleyways of the quarter, creating a rich and diverse social fabric.

And as the seasons change and new challenges arise, the inhabitants of the Latin Quarter continue to write the enchanting chronicles of their lives, capturing the very essence of Parisian life in this iconic district of the City of Light.

L'Auberge au Bord de la Rivière

Il était une fois, nichée au creux des collines verdoyantes de la campagne française, une charmante auberge au bord de la rivière. Entourée de saules pleureurs aux branches balayant les eaux claires et de champs de fleurs sauvages aux couleurs chatoyantes, cette auberge était un havre de paix pour les voyageurs en quête de tranquillité et de nature.

L'auberge était tenue par Madame Mathilde, une femme au sourire chaleureux et aux yeux pétillants, qui accueillait chaque visiteur avec une hospitalité chaleureuse et une tasse de thé fumant. Avec l'aide de son fidèle chien Gaston, elle veillait au bon fonctionnement de l'auberge et au bien-être de ses hôtes.

Un jour d'été ensoleillé, un jeune couple, Antoine et Claire, arrivèrent à l'auberge au bord de la rivière. Ils cherchaient un endroit où passer leur lune de miel, loin du tumulte de la ville, et avaient entendu parler de la beauté pittoresque de l'auberge.

Dès leur arrivée, ils furent émerveillés par la tranquillité et la beauté naturelle des lieux. Le doux murmure de la rivière qui coulait à proximité, le chant des oiseaux dans les arbres et le parfum enivrant des fleurs sauvages créaient une atmosphère enchanteresse.

Madame Mathilde les accueillit avec son sourire accueillant et les conduisit à leur chambre, offrant des conseils pour explorer les environs et découvrir les trésors cachés de la région. Antoine et Claire se sentirent immédiatement chez eux, enchantés par la magie de l'endroit.

Au cours des jours suivants, Antoine et Claire explorèrent les environs, découvrant des sentiers de randonnée pittoresques, des villages médiévaux charmants et des champs de lavande parfumés. Ils se promenèrent main dans la main le long des rives de la rivière, échangeant des rires et des souvenirs précieux.

Pendant ce temps, à l'auberge, Madame Mathilde et Gaston veillaient sur leurs hôtes avec sollicitude, leur offrant des repas délicieux préparés avec des ingrédients frais du jardin et des conversations chaleureuses autour du feu de cheminée.

Mais alors que la fin de leur séjour approchait, Antoine et Claire furent confrontés à un dilemme. Ils étaient tombés amoureux de l'auberge au bord de la rivière et de ses environs idylliques, et ne voulaient pas partir.

Finalement, après de longues discussions et de nombreuses réflexions, Antoine et Claire prirent une décision. Ils décidèrent de prolonger leur séjour à l'auberge au bord de la rivière et de commencer une nouvelle vie dans ce havre de paix.

Et ainsi, Antoine et Claire vécurent heureux pour toujours à l'auberge au bord de la rivière, entourés de la beauté tranquille de la nature et de l'amour chaleureux de Madame Mathilde et de Gaston. Et chaque fois qu'ils se remémoraient leur histoire, ils se souvenaient avec émotion de ce jour où ils avaient trouvé leur véritable chez-eux au bord de la rivière.

The Inn by the River

Once upon a time, nestled in the green hills of the French countryside, there was a charming inn by the river. Surrounded by weeping willows with branches sweeping the clear waters and fields of wildflowers with shimmering colors, this inn was a haven of peace for travelers in search of tranquility and nature.

The inn was run by Madame Mathilde, a woman with a warm smile and sparkling eyes, who welcomed every visitor with warm hospitality and a steaming cup of tea. With the help of her faithful dog Gaston, she ensured the smooth running of the inn and the well-being of her guests.

One sunny summer day, a young couple, Antoine and Claire, arrived at the inn by the river. They were looking for a place to spend their honeymoon, far from the hustle and bustle of the city, and had heard about the picturesque beauty of the inn.

Upon their arrival, they were delighted by the tranquility and natural beauty of the place. The gentle murmur of the nearby river, the song of birds in the trees, and the intoxicating scent of wildflowers created an enchanting atmosphere.

Madame Mathilde welcomed them with her welcoming smile and led them to their room, offering advice on exploring the surroundings and discovering the hidden treasures of the region. Antoine and Claire immediately felt at home, enchanted by the magic of the place.

Over the following days, Antoine and Claire explored the surroundings, discovering picturesque hiking trails, charming medieval villages, and fragrant lavender fields. They walked hand in hand along the riverbanks, exchanging laughter and precious memories.

Meanwhile, at the inn, Madame Mathilde and Gaston watched over their guests with care, offering delicious meals made with fresh ingredients from the garden and warm conversations by the fireplace.

But as the end of their stay approached, Antoine and Claire faced a dilemma. They had fallen in love with the inn by the river and its idyllic surroundings and didn't want to leave.

Finally, after long discussions and much reflection, Antoine and Claire made a decision. They decided to extend their stay at the inn by the river and start a new life in this haven of peace.

And so, Antoine and Claire lived happily ever after at the inn by the river, surrounded by the tranquil beauty of nature and the warm love of Madame Mathilde and Gaston. And whenever they reminisced about their story, they fondly remembered the day they found their true home by the river.

Les Trésors Cachés de Montmartre

Il était une fois, dans les rues sinueuses de Montmartre, un quartier pittoresque de Paris, se cachaient des trésors insoupçonnés. Parmi les artistes, les cafés animés et les vues spectaculaires sur la ville, se dissimulaient des secrets bien gardés, attendant d'être découverts par ceux qui prenaient le temps de regarder de plus près.

L'histoire commence avec Émilie, une jeune touriste venue de loin pour découvrir la magie de Montmartre. Elle arpenta les rues pavées, s'arrêtant de temps en temps pour admirer les artistes de rue et les façades colorées des bâtiments.

Un après-midi ensoleillé, Émilie fit une rencontre fortuite avec un vieil homme nommé Jacques. Il était assis sur un banc près de la place du Tertre, en train de dessiner le paysage animé qui l'entourait. Intriguée par son travail, Émilie s'approcha timidement et entama la conversation.

Jacques se révéla être un véritable trésor de Montmartre, connaissant chaque recoin du quartier et chaque histoire qui s'y cachait. Il invita Émilie à le suivre dans une aventure à la découverte des trésors cachés de Montmartre, une promesse de rencontres inattendues et de moments magiques.

Ils commencèrent leur exploration par les petites ruelles étroites, là où les touristes ne s'aventuraient que rarement. Jacques leur révéla des passages secrets, des escaliers cachés et des jardins paisibles, offrant des vues imprenables sur la ville en contrebas.

Au détour d'une rue, Émilie et Jacques découvrirent une petite librairie indépendante nichée entre deux bâtiments anciens. À l'intérieur, ils furent accueillis par le doux parfum des vieux livres et le sourire chaleureux du libraire. Il leur raconta l'histoire de la librairie, fondée par un écrivain oublié du grand public mais vénéré par les habitants du quartier.

Plus tard, ils visitèrent une galerie d'art cachée dans une cour intérieure, où des artistes locaux exposaient leurs œuvres colorées et innovantes. Émilie se laissa emporter par la beauté des tableaux et des sculptures, réalisant que Montmartre était bien plus qu'un simple décor de carte postale.

Tout au long de leur voyage, Émilie et Jacques rencontrèrent des habitants du quartier qui partagèrent avec eux leurs histoires et leurs passions. Ils écoutèrent un musicien de rue jouer du violon dans une impasse, dégustèrent des pâtisseries artisanales dans une boulangerie familiale et dansèrent sous les étoiles lors d'une fête de quartier animée.

À la fin de la journée, alors que le soleil se couchait sur Montmartre, Émilie réalisa qu'elle avait découvert les véritables trésors du quartier : non pas des objets précieux, mais des moments de bonheur et des souvenirs précieux partagés avec ceux qu'elle aimait.

Et avec un sourire reconnaissant, Émilie savait qu'elle reviendrait un jour à Montmartre, pour découvrir encore plus de ses trésors cachés et continuer à écrire son histoire d'amour avec ce quartier emblématique de Paris.

The Hidden Treasures of Montmartre

Once upon a time, in the winding streets of Montmartre, a picturesque neighborhood of Paris, lay unsuspected treasures. Among the artists, bustling cafes, and spectacular views of the city, lay well-kept secrets, waiting to be discovered by those who took the time to look closer.

The story begins with Émilie, a young tourist who came from afar to discover the magic of Montmartre. She wandered the cobblestone streets, stopping now and then to admire the street artists and the colorful facades of the buildings.

One sunny afternoon, Émilie had a chance encounter with an old man named Jacques. He was sitting on a bench near the Place du Tertre, drawing the lively landscape around him. Intrigued by his work, Émilie approached timidly and struck up a conversation.

Jacques turned out to be a true treasure of Montmartre, knowing every nook and cranny of the neighborhood and every hidden story within. He invited Émilie to join him on an adventure to discover the hidden treasures of Montmartre, a promise of unexpected encounters and magical moments.

They began their exploration with the narrow winding alleys, where tourists rarely ventured. Jacques revealed to them secret passages, hidden staircases, and peaceful gardens, offering breathtaking views of the city below.

Around a corner, Émilie and Jacques discovered a small independent bookstore nestled between two ancient buildings. Inside, they were greeted by the gentle scent of old books and the warm smile of the bookseller. He told them the story of the bookstore, founded by a writer forgotten by the general public but revered by the locals.

Later, they visited an art gallery hidden in a courtyard, where local artists exhibited their colorful and innovative works. Émilie was swept away by the beauty of the paintings and sculptures, realizing that Montmartre was much more than just a picturesque backdrop.

Throughout their journey, Émilie and Jacques met locals who shared their stories and passions with them. They listened to a street musician play the violin in an alley, tasted artisan pastries in a family-owned bakery, and danced under the stars at a lively neighborhood party.

At the end of the day, as the sun set over Montmartre, Émilie realized that she had discovered the true treasures of the neighborhood: not precious objects, but moments of happiness and precious memories shared with those she loved.

And with a grateful smile, Émilie knew that she would return to Montmartre one day, to discover even more of its hidden treasures and continue to write her love story with this iconic neighborhood of Paris.

Le Voyageur Solitaire

Dans un petit village reculé au cœur de la campagne française, vivait un homme mystérieux connu sous le nom de "Le Voyageur Solitaire". Personne ne savait d'où il venait ni quelle était son histoire, mais tous s'accordaient à dire qu'il était un homme à part, différent des autres.

Le Voyageur Solitaire habitait une petite maison au bord de la forêt, entourée de champs verdoyants et de prairies fleuries. Chaque jour, il parcourait les sentiers boisés, son chapeau vissé sur la tête et son sac à dos chargé de provisions.

Les habitants du village le croisaient parfois lors de ses promenades solitaires, mais il était rare qu'il échangeât plus qu'un simple bonjour poli. Le Voyageur Solitaire préférait la compagnie des arbres et des animaux de la forêt à celle des êtres humains, et il gardait jalousement ses secrets.

Pourtant, malgré son apparence austère, Le Voyageur Solitaire avait un cœur généreux et une âme bienveillante. Il était toujours prêt à rendre service à ceux qui en avaient besoin, même s'il préférait rester discret sur ses bonnes actions.

Un jour d'automne, une jeune fille nommée Sophie se perdit dans la forêt alors qu'elle ramassait des champignons avec sa famille. Égarée et effrayée, elle erra pendant des heures à travers les sentiers sinueux, cherchant désespérément une issue.

C'est alors qu'elle rencontra Le Voyageur Solitaire, qui l'accueillit avec gentillesse et compassion. Il lui offrit de l'eau fraîche et un morceau de pain de son sac à dos, et lui proposa de l'accompagner jusqu'au village.

Au cours de leur marche, Sophie apprit à connaître Le Voyageur Solitaire et découvrit la douceur cachée derrière son apparente austérité. Elle entendit parler de ses voyages à travers le monde, de ses rencontres avec des cultures étrangères et de ses aventures dans des contrées lointaines.

Et tandis que le soleil se couchait à l'horizon, Sophie réalisa qu'elle avait trouvé en Le Voyageur Solitaire bien plus qu'un guide à travers la forêt : elle avait trouvé un ami fidèle et un mentor bienveillant.

À leur retour au village, Sophie raconta son aventure à sa famille et aux habitants du village, louant la générosité et la compassion de Le Voyageur Solitaire. Et à partir de ce jour-là, il ne fut plus jamais considéré comme un étranger, mais comme un membre bien-aimé de la communauté.

Et ainsi, Le Voyageur Solitaire continua ses voyages à travers le monde, mais il revint toujours au village pour retrouver ses amis et partager ses histoires. Car même les âmes les plus solitaires ont besoin d'amour et d'amitié pour éclairer leur chemin dans l'obscurité.

The Solitary Traveler

In a small remote village in the heart of the French countryside lived a mysterious man known as "The Solitary Traveler". No one knew where he came from or what his story was, but everyone agreed that he was a man apart, different from the others.

The Solitary Traveler lived in a small house on the edge of the forest, surrounded by green fields and flowery meadows. Every day, he walked the wooded trails, his hat firmly on his head and his backpack filled with provisions.

The villagers sometimes crossed paths with him during his solitary walks, but it was rare for him to exchange more than a simple polite greeting. The Solitary Traveler preferred the company of the trees and the animals of the forest to that of human beings, and he guarded his secrets jealously. Yet, despite his austere appearance, The Solitary Traveler had a generous heart and a kind soul. He was always ready to help those in need, even if he preferred to remain discreet about his good deeds.

One autumn day, a young girl named Sophie got lost in the forest while picking mushrooms with her family. Lost and frightened, she wandered for hours along winding paths, desperately searching for a way out.

That's when she met The Solitary Traveler, who welcomed her with kindness and compassion. He offered her fresh water and a piece of bread from his backpack, and offered to accompany her back to the village.

During their walk, Sophie got to know The Solitary Traveler and discovered the sweetness hidden behind his apparent austerity. She heard about his travels around the world, his encounters with foreign cultures, and his adventures in distant lands.

And as the sun set on the horizon, Sophie realized that she had found in The Solitary Traveler much more than a guide through the forest: she had found a faithful friend and a kind mentor.

Upon their return to the village, Sophie recounted her adventure to her family and the villagers, praising The Solitary Traveler's generosity and compassion. And from that day on, he was no longer considered a stranger, but a beloved member of the community.

And so, The Solitary Traveler continued his travels around the world, but he always returned to the village to reunite with his friends and share his stories. For even the most solitary souls need love and friendship to light their way in the darkness.

Les Aventures de la Boulangère Bienveillante

Dans un petit village niché au cœur des collines de Provence, se trouvait une boulangerie bienveillante dirigée par une femme au cœur généreux et à l'esprit aventurier. Elle s'appelait Amélie, et sa boulangerie était bien plus qu'un simple lieu de vente de pains et de pâtisseries : c'était un véritable refuge pour tous ceux qui avaient besoin d'un peu de réconfort et d'amitié.

Les aventures d'Amélie débutaient chaque matin avec le lever du soleil, lorsque les premiers rayons dorés illuminaient le ciel et réveillaient le village endormi. Armée de son tablier fleuri et de son sourire radieux, Amélie s'affairait dans sa boulangerie, pétrissant la pâte, façonnant les pains et préparant de délicieuses viennoiseries.

Mais pour Amélie, la véritable magie de la boulangerie résidait dans les rencontres qu'elle faisait chaque jour avec les habitants du village. Elle connaissait chacun d'eux par leur prénom et par leur histoire, et elle était toujours prête à écouter leurs joies, leurs peines et leurs rêves les plus fous.

Un jour, alors qu'Amélie préparait sa fournée de pains du matin, elle entendit un cri provenant de l'extérieur de la boulangerie. En sortant précipitamment, elle découvrit un petit chaton abandonné, miaulant de détresse au pied de sa porte.

Sans hésiter, Amélie prit le chaton dans ses bras, le réchauffa avec un linge doux et lui offrit un bol de lait tiède. Elle décida de l'adopter et de le nommer Caramel, en raison de sa fourrure d'un brun doré.

Caramel devint rapidement le compagnon fidèle d'Amélie à la boulangerie, suivant ses pas partout où elle allait et charmant les clients avec ses miaulements affectueux et ses câlins chaleureux. Il apportait une touche de joie et de bonheur à chaque visite à la boulangerie, et Amélie était reconnaissante de l'avoir trouvé.

Mais les aventures d'Amélie ne se limitaient pas à sa boulangerie. Elle était également connue pour ses actes de gentillesse et de générosité envers les autres habitants du village.

Un jour, elle apprit qu'une vieille dame nommée Marguerite était malade et incapable de cuisiner pour elle-même. Sans hésiter, Amélie se mit aux fourneaux et prépara un repas complet qu'elle livra à la porte de Marguerite, accompagné d'un bouquet de fleurs fraîches pour égayer sa journée.

Un autre jour, elle découvrit qu'un jeune garçon nommé Antoine avait du mal à apprendre à lire. Elle décida de lui consacrer du temps chaque après-midi après la fermeture de la boulangerie, lui lisant des histoires et l'aidant à déchiffrer les mots difficiles.

Et ainsi, au fil des jours et des semaines, les aventures d'Amélie se multiplièrent, toutes imprégnées de sa bienveillance et de son désir d'aider les autres. Elle devint une véritable légende dans le village, aimée et respectée de tous pour sa bonté et son dévouement envers sa communauté.

À la fin de chaque journée, alors que le soleil se couchait à l'horizon, Amélie rentrait chez elle, le cœur léger et le sourire aux lèvres, sachant qu'elle avait fait une différence dans la vie de ceux qui avaient croisé son chemin. Et pour elle, c'était là le plus grand trésor de tous.

The Adventures of the Benevolent Baker

In a small village nestled in the heart of the hills of Provence, there was a benevolent bakery run by a woman with a generous heart and an adventurous spirit. Her name was Amélie, and her bakery was much more than just a place to buy bread and pastries: it was a true refuge for anyone in need of comfort and friendship.

Amélie's adventures began every morning with the sunrise, when the first golden rays illuminated the sky and awakened the sleepy village. Armed with her flowery apron and radiant smile, Amélie bustled about her bakery, kneading dough, shaping bread, and preparing delicious pastries. But for Amélie, the true magic of the bakery lay in the encounters she had every day with the villagers. She knew each of them by name and by their story, and she was always ready to listen to their joys, sorrows, and wildest dreams.

One day, as Amélie was preparing her morning batch of bread, she heard a cry coming from outside the bakery. Rushing out, she discovered a little kitten abandoned, mewling in distress at her doorstep.

Without hesitation, Amélie scooped up the kitten, warmed it with a soft cloth, and offered it a bowl of warm milk. She decided to adopt it and named it Caramel, because of its golden brown fur.

Caramel quickly became Amélie's faithful companion at the bakery, following her every step and charming customers with its affectionate meows and warm cuddles. It brought a touch of joy and happiness to every visit to the bakery, and Amélie was grateful to have found it.

But Amélie's adventures were not limited to her bakery. She was also known for her acts of kindness and generosity towards other villagers.

One day, she learned that an elderly lady named Marguerite was sick and unable to cook for herself. Without hesitation, Amélie got to work and prepared a complete meal which she delivered to Marguerite's doorstep, accompanied by a bouquet of fresh flowers to brighten her day.

Another day, she discovered that a young boy named Antoine was struggling to learn to read. She decided to dedicate time to him every afternoon after closing the bakery, reading him stories and helping him decipher difficult words.

And so, as the days and weeks went by, Amélie's adventures multiplied, all imbued with her kindness and her desire to help others. She became a true legend in the village, loved and respected by all for her goodness and dedication to her community.

At the end of each day, as the sun set on the horizon, Amélie returned home, her heart light and her smile on her lips, knowing that she had made a difference in the lives of those she had crossed paths with. And for her, that was the greatest treasure of all.

Les Mystères de la Rue des Étoiles

Il était une fois, dans une petite ville nichée au bord de la mer Méditerranée, une rue mystérieuse et enchantée connue sous le nom de Rue des Étoiles. Cette rue était célèbre pour ses vieilles maisons colorées, ses boutiques pittoresques et son atmosphère magique qui semblait capturer l'imagination de quiconque la foulait.

Parmi les habitants de la Rue des Étoiles se trouvait une jeune fille nommée Léa. Elle était une rêveuse invétérée, toujours à l'affût de nouvelles aventures et de mystères à résoudre. Avec son chien fidèle, Gaston, elle explorait chaque recoin de la rue, découvrant des trésors cachés et des secrets anciens.

Un matin, alors qu'elle flânait dans la rue, Léa entendit un murmure étrange venant d'une vieille librairie abandonnée. Intriguée, elle s'approcha et poussa la porte délabrée, révélant un trésor caché de livres poussiéreux et de parchemins anciens.

Au milieu des étagères délabrées, Léa découvrit un livre ancien orné d'une couverture en cuir usé. En l'ouvrant, elle fut transportée dans un monde de magie et d'aventure, où les étoiles brillaient dans un ciel infini et les mystères attendaient d'être résolus.

Déterminée à percer le secret de ce livre mystérieux, Léa se lança dans une quête passionnante à travers la Rue des Étoiles. Avec l'aide de Gaston et de ses amis du quartier, elle résolut des énigmes anciennes, déjoua des pièges sournois et dévoila les vérités cachées depuis des siècles.

Au fur et à mesure de leur voyage, Léa et ses compagnons rencontrèrent des personnages étranges et merveilleux : un sorcier excentrique, un astronome érudit et une voyante mystique. Chacun d'eux possédait des indices cruciaux pour résoudre le mystère du livre ancien et révéler son véritable pouvoir.

Finalement, après de nombreuses péripéties et aventures palpitantes, Léa et ses amis découvrirent la vérité cachée derrière le livre mystérieux. Il renfermait un sortilège puissant capable de réaliser les rêves de ceux qui croyaient en la magie des étoiles.

Grâce à leur courage, leur détermination et leur amitié indéfectible, Léa et ses compagnons réussirent à briser le sortilège et à libérer le pouvoir des étoiles. La Rue des Étoiles retrouva sa splendeur d'antan, illuminée par la magie et la lumière des étoiles qui scintillaient dans le ciel nocturne.

Et tandis que la nuit tombait sur la Rue des Étoiles, Léa savait que leur aventure ne faisait que commencer. Car dans ce monde enchanté, les mystères étaient infinis et les étoiles brillaient toujours, prêtes à guider ceux qui osaient rêver.

The Mysteries of Star Street

Once upon a time, in a small town nestled by the shores of the Mediterranean Sea, there was a mysterious and enchanted street known as Star Street. This street was famous for its old colorful houses, quaint shops, and magical atmosphere that seemed to capture the imagination of anyone who walked through it.

Among the inhabitants of Star Street was a young girl named Léa. She was a dreamer at heart, always on the lookout for new adventures and mysteries to solve. With her faithful dog, Gaston, she explored every corner of the street, discovering hidden treasures and ancient secrets.

One morning, as she strolled down the street, Léa heard a strange whisper coming from an old abandoned bookstore. Intrigued, she approached and pushed open the dilapidated door, revealing a hidden treasure trove of dusty books and ancient parchments.

Among the crumbling shelves, Léa discovered an old book adorned with a worn leather cover. As she opened it, she was transported into a world of magic and adventure, where stars shone in an infinite sky and mysteries awaited to be unraveled.

Determined to uncover the secret of this mysterious book, Léa embarked on an exciting quest through Star Street. With the help of Gaston and her friends from the neighborhood, she solved ancient riddles, thwarted cunning traps, and unveiled truths hidden for centuries.

As they journeyed, Léa and her companions encountered strange and wonderful characters: an eccentric wizard, a scholarly astronomer, and a mystical fortune-teller. Each of them held crucial clues to solving the mystery of the ancient book and revealing its true power.

Ultimately, after many twists and thrilling adventures, Léa and her friends discovered the hidden truth behind the mysterious book. It held a powerful spell capable of granting the dreams of those who believed in the magic of the stars.

Thanks to their courage, determination, and unwavering friendship, Léa and her companions managed to break the spell and unleash the power of the stars. Star Street regained its former splendor, illuminated by the magic and light of the stars that sparkled in the night sky.

And as night fell on Star Street, Léa knew that their adventure was only just beginning. For in this enchanted world, mysteries were endless, and the stars always shone, ready to guide those who dared to dream.

Les Aventures de l'Éléphant Philosophe

Il était une fois, dans une vaste savane africaine, un éléphant pas tout à fait comme les autres. Son nom était Émile, et il était connu dans toute la région pour sa sagesse et son esprit philosophique. Alors que les autres éléphants passaient leurs journées à se prélasser au soleil et à se baigner dans les rivières, Émile préférait se retirer dans un coin tranquille de la savane pour réfléchir et contempler le monde qui l'entourait.

Émile avait une curiosité insatiable et un amour profond pour la vie. Il passait des heures à observer les étoiles dans le ciel nocturne, à écouter le murmure du vent à travers les arbres, et à méditer sur les mystères de l'univers. Il croyait fermement que chaque être vivant, qu'il soit grand ou petit, avait un rôle à jouer dans le vaste tissu de la vie.

Un jour, alors qu'il se promenait dans la savane, Émile entendit un appel au secours provenant d'une clairière voisine. Sans hésiter, il se précipita pour découvrir un troupeau de gazelles pris au piège dans un piège à filet tendu par des braconniers sans scrupules. Les pauvres créatures tremblaient de peur, incapables de se libérer des mailles serrées du filet.

Avec calme et détermination, Émile s'approcha des gazelles et leur parla d'une voix douce et apaisante. Il leur expliqua qu'il était là pour les aider et qu'elles n'avaient rien à craindre. Puis, avec une force tranquille, il brisa les mailles du filet et libéra les gazelles, les renvoyant en toute sécurité dans la savane.

La nouvelle de l'acte héroïque d'Émile se répandit rapidement à travers la savane, et bientôt, il devint une légende vivante parmi les animaux. Les lions, les girafes, les zèbres et même les oiseaux venaient le voir pour lui demander conseil et écouter ses sages paroles. Émile les accueillait tous avec bienveillance, partageant sa sagesse et son amour pour la vie avec tous ceux qui croisaient son chemin.

Mais un jour, la savane fut frappée par une terrible sécheresse qui menaçait de tout détruire sur son passage. Les rivières se tarirent, les arbres se desséchèrent, et les animaux luttaient pour trouver de la nourriture et de l'eau. Émile savait qu'il devait agir rapidement pour sauver sa maison bien-aimée.

Avec l'aide de ses amis de la savane, Émile entreprit un voyage périlleux à travers les terres arides, à la recherche d'une source cachée qui pourrait sauver la savane de la famine imminente. Pendant des jours et des nuits, ils marchèrent sans relâche, bravant la chaleur étouffante et les dangers de la nature sauvage.

Finalement, après de nombreuses épreuves et tribulations, ils découvrirent une oasis secrète cachée au cœur de la savane. Avec un cri de joie, Émile et ses amis se précipitèrent vers la source d'eau fraîche et pure, apportant un soulagement bienvenu à tous les habitants affamés de la savane.

Grâce à leur courage et à leur détermination, Émile et ses amis sauvèrent la savane de la famine et rétablirent l'harmonie et l'équilibre dans leur monde bien-aimé. Et tandis que les premières gouttes de pluie tombaient du ciel, Émile savait que leur aventure ne faisait que commencer. Car dans la vaste savane africaine, les mystères étaient infinis et les possibilités étaient illimitées pour ceux qui osaient rêver.

The Adventures of the Philosopher Elephant

Once upon a time, in a vast African savanna, there was an elephant unlike any other. His name was Emile, and he was known throughout the region for his wisdom and philosophical spirit. While other elephants spent their days basking in the sun and bathing in the rivers, Emile preferred to retreat to a quiet corner of the savanna to reflect and contemplate the world around him.

Emile had an insatiable curiosity and a deep love for life. He spent hours watching the stars in the night sky, listening to the whisper of the wind through the trees, and meditating on the mysteries of the universe. He firmly believed that every living being, whether large or small, had a role to play in the vast fabric of life.

One day, as he was wandering through the savanna, Emile heard a cry for help coming from a nearby clearing. Without hesitation, he rushed to discover a herd of gazelles trapped in a net set by unscrupulous poachers. The poor creatures trembled with fear, unable to free themselves from the tight mesh of the net.

With calm and determination, Emile approached the gazelles and spoke to them in a soft and soothing voice. He explained that he was there to help them and that they had nothing to fear. Then, with quiet strength, he broke the mesh of the net and freed the gazelles, sending them safely back into the savanna.

News of Emile's heroic act spread quickly across the savanna, and soon he became a living legend among the animals. Lions, giraffes, zebras, and even birds came to see him for advice and to listen to his wise words. Emile welcomed them all with kindness, sharing his wisdom and love for life with all who crossed his path.

But one day, the savanna was struck by a terrible drought that threatened to destroy everything in its path. Rivers dried up, trees withered, and animals struggled to find food and water. Emile knew that he had to act quickly to save his beloved home.

With the help of his friends from the savanna, Emile embarked on a perilous journey through the arid lands, in search of a hidden spring that could save the savanna from imminent famine. For days and nights, they marched tirelessly, braving the stifling heat and the dangers of the wild.

Finally, after many trials and tribulations, they discovered a secret oasis hidden in the heart of the savanna. With a cry of joy, Emile and his friends rushed to the source of fresh, pure water, bringing welcome relief to all the hungry inhabitants of the savanna.

Thanks to their courage and determination, Emile and his friends saved the savanna from famine and restored harmony and balance to their beloved world. And as the first drops of rain fell from the sky, Emile knew that their adventure was just beginning. For in the vast African savanna, the mysteries were endless and the possibilities were limitless for those who dared to dream.

Les Secrets de la Cordonnerie enchantée

Au cœur d'une petite ville pittoresque nichée dans la campagne française, se trouvait une cordonnerie pas tout à fait ordinaire. Son nom était "La Cordonnerie Enchantée", et c'était l'endroit où se rendaient tous ceux qui avaient besoin de chaussures magiques capables de les emmener vers des destinations inattendues.

Le propriétaire de la cordonnerie, Monsieur Marcel, était un homme d'un âge vénérable, au visage ridé et aux cheveux grisonnants. Il était connu dans toute la ville pour son talent exceptionnel à réparer les chaussures et pour ses histoires fascinantes sur les origines mystérieuses de sa cordonnerie.

Un jour, alors que le soleil se levait à peine sur la ville endormie, une jeune fille nommée Camille poussa timidement la porte de la cordonnerie. Elle tenait dans ses mains une vieille paire de chaussures usées et abîmées, héritage de sa grand-mère bien-aimée.

"Monsieur Marcel," dit-elle d'une voix douce, "pourriez-vous réparer ces chaussures pour moi ? Elles sont très spéciales pour moi, mais elles sont dans un état lamentable."

Monsieur Marcel sourit et hocha la tête. "Bien sûr, ma chère," dit-il. "Je ferai de mon mieux pour leur redonner vie."

Pendant que Monsieur Marcel travaillait sur les chaussures de Camille, il lui raconta l'histoire de la cordonnerie enchantée. Il lui parla des anciennes traditions de fabrication de chaussures, transmises de génération en génération, et des secrets mystérieux qui imprégnaient chaque paire de chaussures qui sortaient de son atelier.

Camille écouta avec fascination, ses yeux brillant d'excitation à l'idée de découvrir les mystères cachés de la cordonnerie enchantée. Elle savait que cet endroit était spécial, et elle se sentait privilégiée d'avoir été invitée à y entrer.

Finalement, après des heures de travail acharné, Monsieur Marcel termina de réparer les chaussures de Camille. Il les tendit avec un sourire chaleureux et dit : "Voilà, ma chère. Elles sont comme neuves."

Camille prit les chaussures avec gratitude et les examina avec émerveillement. Elles étaient plus belles que jamais, et elle pouvait sentir une énergie mystérieuse qui semblait rayonner de l'intérieur.

"Merci beaucoup, Monsieur Marcel," dit-elle, les yeux brillant d'excitation. "Je ne sais pas comment vous avez fait, mais ces chaussures semblent différentes maintenant."

Monsieur Marcel lui fit un clin d'œil complice. "Ah, ma chère, c'est le secret de la cordonnerie enchantée," dit-il en souriant. "Mais je suis sûr que vous le découvrirez bientôt par vous-même."

Camille quitta la cordonnerie enchantée avec un cœur léger et des pas pleins d'entrain. Elle savait que ses nouvelles chaussures la mèneraient vers des aventures extraordinaires, et elle était impatiente de découvrir les mystères cachés de la cordonnerie enchantée.

The Secrets of the Enchanted Shoemaker

At the heart of a picturesque small town nestled in the French countryside, there was a shoemaker's shop that was not quite ordinary. Its name was "The Enchanted Shoemaker," and it was the place where everyone went who needed magical shoes capable of taking them to unexpected destinations.

The owner of the shoemaker's shop, Monsieur Marcel, was a man of venerable age, with a wrinkled face and graying hair. He was known throughout the town for his exceptional talent in repairing shoes and for his fascinating stories about the mysterious origins of his shoemaker's shop.

One day, as the sun was just rising over the sleepy town, a young girl named Camille timidly pushed open the door of the shoemaker's shop. She held in her hands an old pair of worn-out and damaged shoes, an inheritance from her beloved grandmother.

"Monsieur Marcel," she said in a soft voice, "could you repair these shoes for me? They are very special to me, but they are in a terrible state."

Monsieur Marcel smiled and nodded. "Of course, my dear," he said. "I will do my best to bring them back to life."

As Monsieur Marcel worked on Camille's shoes, he told her the story of the enchanted shoemaker's shop. He spoke of the ancient traditions of shoe making, passed down from generation to generation, and of the mysterious secrets that infused every pair of shoes that came out of his workshop.

Camille listened with fascination, her eyes shining with excitement at the thought of uncovering the hidden mysteries of the enchanted shoemaker's shop. She knew that this place was special, and she felt privileged to have been invited inside.

Finally, after hours of hard work, Monsieur Marcel finished repairing Camille's shoes. He handed them to her with a warm smile and said, "There you go, my dear. They are good as new."

Camille took the shoes with gratitude and examined them with wonder. They were more beautiful than ever, and she could feel a mysterious energy that seemed to radiate from within.

"Thank you so much, Monsieur Marcel," she said, her eyes shining with excitement. "I don't know how you did it, but these shoes seem different now."

Monsieur Marcel winked at her knowingly. "Ah, my dear, that's the secret of the enchanted shoemaker's shop," he said with a smile. "But I'm sure you'll discover it for yourself soon enough."

Camille left the enchanted shoemaker's shop with a light heart and steps full of eagerness. She knew that her new shoes would lead her to extraordinary adventures, and she couldn't wait to uncover the hidden mysteries of the enchanted shoemaker's shop.